23 Juin 1879

CATALOGUE

DES

PERLES, DIAMANTS

Saphirs, Émeraudes, Rubis

Opales

MAGNIFIQUE COLLIER DE PERLES

BIJOUX VARIÉS

DÉPENDANT

De la Succession de Madame **MUSARD**

ET DONT LA VENTE AURA LIEU

HOTEL DROUOT, SALLE N° 8

Les Lundi 23, Mardi 24, Mercredi 25 et Jeudi 26 Juin 1879

A UNE HEURE ET DEMIE

Par le Ministère de M⁰ **BAUDRY**, Commissaire-Priseur, rue Saint-Georges, 24,

Assisté de **M. Charles MANNHEIM**, Expert, rue Saint-Georges, 7,

Et de **M. LEVEAU-MARTIN**, Expert, passage Saulnier, 25.

EXPOSITIONS

PARTICULIÈRE | PUBLIQUE

Le Samedi 21 Juin 1879 | Le Dimanche 22 Juin 1879

DE UNE HEURE A CINQ HEURES

PARIS — 1879

CONDITIONS DE LA VENTE

Elle sera faite expressément au comptant.

Les Adjudicataires paieront CINQ POUR CENT, en sus des enchères, applicables aux frais.

L'Exposition mettant le Public à même de se rendre compte des Objets, aucune réclamation ne sera admise après l'adjudication.

NOTA

Le présent Catalogue se distribue chez le Commissaire-Priseur et chez MM. les Experts chargés de la vente, ainsi que chez les Correspondants de M. ÉTIENNE CHARAVAY, archiviste-paléographe, à Paris, rue de Seine, 51.

FRANCE

à BORDEAUX	Chez MM. FÉRET.
à MARSEILLE	— BÉRARD.
à NANTES	— MOREL DES BOULLETS.
à REIMS	— GIRET.

ÉTRANGER

à LONDRES	Chez MM. FRÉDÉRIC NAYLOR, 4, Millman street, Bedfort-Row.
—	— A.-W. THIBAUDEAU, 18, Green street, W. C. Saint-Martin's place.
à BRUXELLES	— OLIVIER.
—	— MUQUARDT.
à BERLIN	— LÉO LIEPMANNSSOHN.
à FRANCFORT-SUR-MEIN	— Jos. BAER et C°.
à SAINT-PÉTERSBOURG	— MELLIER et C°.
à MOSCOU	— W. GAUTIER fils.
à VIENNE	— GÉROLD et fils.
à ROME	— BOCCA frères.
à TURIN	— BOCCA frères.
à FLORENCE	— BOCCA frères.
à MILAN	— DUMOLARD frères.
à MADRID	— BAILLY-BAILLIÈRE.
à LISBONNE	— SILVA JUNIOR et C°.

DÉSIGNATION

PARURES PERLES

1 — Magnifique **COLLIER DE PERLES** à sept rangs, comptant ensemble quatre cent soixante-quinze perles. Le fermoir est orné d'une grande et belle émeraude entourée d'un
double rang de brillants.

Pièce très-importante.

2 — **COLLIER**, composé de six rangs, comptant ensemble deux
cent quatre-vingt-dix-huit perles.

3 — **COLLIER**, composé de quarante-deux belles perles. Le fermoir est enrichi de roses.

4 — **COLLIER**, composé de six cent trente petites perles.

8.075 5 — Autre **COLLIER**, composé d'environ cinq cent soixante-deux petites perles. Les perles d'entre-deux ne sont pas comptées.

10,600 6 — **BRACELET** (Porte-Bonheur) orné de deux perles, l'une blanche et l'autre noire. Le corps du bracelet est couvert de brillants.

7,200 7 — Deux **BOUCLES D'OREILLES**, formées chacune d'une belle perle entourée d'un rang de brillants.

375 8 — **CHAINE** torsade en or, ornée de six perles.

4000 9 — **BROCHE**, en forme de fruit en perle, avec feuillages en diamants.

860 10 — **PENDANT DE COU**, de forme ovale, en or émaillé, à fond noir, entouré d'un double rang de perles et de roses. Il offre à son centre une mouche dont le corps est formé d'une opale à reflets verdâtres et dont les ailes sont ornées de diamants.

2,310 11 — **BRACELET**, à deux corps, en or, monté de cinq demi-perles blanches, grise et noire, avec entre-deux en brillants.

2,300 12 — Deux **BOUTONS D'OREILLES**, formés chacun d'une jolie perle.

13 — Deux **BOUTONS D'OREILLES,** ornés chacun d'une perle.

14 — **DEMI-PARURE,** composée d'une broche et deux pendants d'oreilles, formés de cosses de pois en or et perles.

15 — **DEMI-PARURE,** composée d'une broche et deux pendants d'oreilles. Chacune des pièces a la forme d'une demi-moule avec perle au centre.

16 — **CROIX** d'or, ornée de huit perles avec entre-deux en petites roses.

17 — **BAGUE,** ornée d'une perle placée entre deux brillants.

18 — **BAGUE,** ornée d'une perle placée entre dix rubis.

PARURES DIAMANTS

19 — **TRÈS-BEAU COLLIER,** composé de cinq gros brillants entourés d'un rang de brillants, reliés entre eux par un double rang de chatons, avec fermoir et double attache ornés d'un brillant entouré d'un rang de chatons.

Pièce très-importante.

34.550   20 — **BEAU PENDANT**, formé d'un beau brillant rectangulaire entouré de brillants et garni d'attaches à double rang de petits brillants.

38,000   21 — **BEAU PENDANT**, formé d'une magnifique briolette losangée entourée de brillants.

Pièce importante.

51,300   22 — Deux **BOUTONS D'OREILLES**, formés chacun d'un gros brillant.

43,600   23 — Deux **PENDELOQUES**, formées chacune de deux gros brillants et de Petits brillants.

10,200   24 — **BELLE BAGUE**, formée d'un beau brillant monté en or: le corps de la bague est enrichi de roses.

48,100   25 — **BEAU COLLIER**, composé de soixante-cinq barrettes et pendilles montées de brillants.

24,000   26 — **MAGNIFIQUE DIADÈME**, composé de trente-quatre chatons et d'un croissant en brillants.

23.800   27 — **BELLE AIGRETTE**, formée d'une branche de fleurs exécutée en diamants et disposée pour coiffure.

4130   28 — **CHATON**, monté d'un brillant.

29 — **COLLIER**, formé d'une grecque exécutée en brillants et appliquée sur velours rouge.

30 — **COLLIER**, semblable à celui qui précède, mais appliqué sur velours noir.

31 — **CROIX**, formée d'un double rang de brillants, avec chaton au centre et bélière ornée d'un brillant.

32 — **JOLIE RIVIÈRE**, composée de cinquante et un brillants.

33 — Autre **JOLIE RIVIÈRE**, composée de trente-neuf brillants.

34 — **COLLIER**, composé de seize appliques formées de doubles couronnes de lauriers en brillants et appliquées sur velours noir.

35 — **CROIX** en diamants, ornée d'un diamant noir au centre.

36 — Deux **PENDELOQUES** poires, formées chacune d'une rose, avec entourage en petites roses de Hollande et surmontées d'un petit brillant.

37 — **PENDANT DE COU**, formé d'une feuille exécutée en roses, avec brillant au centre.

38 — **COLLIER**, formé de rosaces quadrangulaires en brillants, avec entre-deux ornés d'un brillant.

39 — **DEMI-PARURE**, composée d'un pendant de cou formant broche et de deux boucles d'oreilles, le tout exécuté en brillants, roses et perles fines.

40 — **ÉVENTAIL** simulant des plumes exécutées en or, avec montants formés de flèches ornées de diamants.

41 — Deux **PENDANTS** de boucles d'oreilles, avec chatons en brillants et résilles en roses.

42 — Deux **ÉPINGLES DE COIFFURE**, formées chacune d'une grosse boule exécutée en brillants et roses.

43 — Petite **MONTRE** à remontoir en or, pavée de roses et d'une rosace en rubis. Elle est surmontée d'un nœud de ruban exécuté en roses et le cadran est entouré de roses.

44 — Deux **ÉPINGLES DE COIFFURE**, en forme de fleur à six pétales en brillants, avec jacinthe au centre.

45 — **BRACELET** en or, avec applique en forme d'étoile en diamants.

46 — **BRACELET** en or mat, avec médaillon à tiroirs émaillé bleu et étoile en brillants.

47 — **BRACELET** en or, à quatre corps, orné de douze brillants.

48 — **CROIX** d'or, ornée de dix brillants.

49 — **BÉLIÈRE** en or, montée d'un brillant.

50 — **BAGUE** étincelle en brillant.

51 — **BAGUE**, montée d'un brillant.

52 — **BAGUE** analogue à celle qui précède; le brillant est plus gros.

53 — **BAGUE** en or, montée de brillants. La pierre du milieu manque.

54 — Petite **BROCHE**, formée d'un bouton de rose en perle avec feuillages en roses.

55 — Deux **BOUCLES D'OREILLES**, formées d'anneaux et d'oiseaux exécutés en roses, petits rubis et perles.

56 — **PENDANT DE COU**, formant médaillon, simulant une marguerite avec feuillages, exécutés en roses et turquoises avec perle au centre.

57 — **BRACELET** large en or uni, avec rosace en roses appliquée sur fond émaillé.

58 — **BRACELET** large en or, incrusté de trois fers à cheval, l'un d'eux en diamants un autre en émeraude, et le dernier en rubis.

59 — **BROCHE**, formée d'une pensée pavée de roses et de saphirs, avec perle au centre.

60 — **COULANT DE CRAVATE** en or, avec feuille en roses et perle au centre.

61 — **COULANT** analogue, avec rosaline au centre imitant la perle rose.

62 — **DEMI-PARURE**, composée d'un bracelet, de deux pendants de cou et deux boucles d'oreilles ornés de feuilles pavées de roses et enrichies de perles blanches et noires, et de rosalines imitant la perle rose.

63 — Deux **ANNEAUX** montés de roses.

64 — **PENDANT**, forme poire, en roses, avec entourage de roses.

65 — **DEMI-PARURE**, composée d'une broche et deux boucles d'oreilles ornées de fruits en grenat cabochon, incrustés de roses et avec feuillages en roses.

66 — **MÉDAILLON**, forme cœur, pavé de brillants et avec cercle de rubis.

67 — **BRACELET** en or, portant le mot : *Remembrance* exécuté en brillants.

68 — Deux **BOUTONS D'OREILLES**, ornés chacun d'un brillant.

PARURES RUBIS

69 — Joli **COLLIER**, composé de dix-huit rubis entourés de brillants et reliés par des trèfles, aussi en brillants. Il se termine par sept rubis pendeloques dont trois entourés de brillants.

16,200 70 — **PENDANT DE COU**, formé de rubis entourés de diamants et terminé par un rubis forme pendeloque et entouré de diamants.

1,825 71 — Deux **BOUCLES D'OREILLES**, formées chacune d'un rubis entouré de brillants.

4,700 72 — Deux **ÉPINGLES DE COIFFURE**, en forme d'étoile en brillants, avec rubis au centre

7,000 73 — **BRACELET** (Porte-Bonheur) en or., avec plaque pavée de diamants enrichie d'un rubis au centre.

4,010 74 — **BRACELET** (Porte-Bonheur) en or, enrichi d'un rubis placé entre deux brillants.

1,225 75 — **ÉPINGLE DE COIFFURE**, formée d'un papillon exécuté en diamants et rubis. Cette pièce peut être montée en broche.

1,010 76 — **MÉDAILLON** en or mat, avec dessin losangé, monté de roses et de rubis.

80 77 — **MÉDAILLON** en or mat, orné d'une croix en roses avec rubis au centre.

78 — **BAGUE**, montée d'un rubis ovale, placé entre deux *1465*
brillants.

79 — **BAGUE** losange, ornée d'un rubis entouré de douze bril- *1480*
lants. Le corps de la bague est garni de six brillants.

80 — **BAGUE**, ornée d'un rubis entouré de diamants. *770*

81 — **BAGUE**, ornée d'un rubis entouré de douze brillants. *610*

82 — **BAGUE** marquise pavée de brillants, avec ~~rubis~~ *Saphirs* au centre. *735*

PARURES SAPHIRS

83 — Beau **BRACELET**, formé de quatre rangs, comptant en- *19,300*
semble quatre-vingt-seize perles et d'un fermoir orné d'un
superbe saphir entouré d'un double rang de brillants.

84 — **BROCHE**, ornée d'un saphir oblong, entouré d'un double *20,050*
rang de brillants. Elle se termine par trois perles dont deux
poires et d'un entre-deux, monté de cinq brillants.

19,000 85 — **COLLIER**, formé de neuf beaux saphirs, entourés d'un rang de brillants, et reliés par des entre-deux formés par deux brillants.

7,600 86 — Deux **BOUCLES D'OREILLES**, formées chacune d'un saphir entouré d'un rang de brillants.

1,540 87 — **BRACELET** large en or, incrusté d'une étoile en brillants avec saphir au centre.

305 88 — **MÉDAILLON** en or mat, avec applique en forme de fer à cheval orné de saphirs et de roses.

930 89 — **FER A CHEVAL** en or, enrichi de diamants et de neuf saphirs.

375 90 — **BAGUE**, ornée de trois saphirs entourés de roses.

1,245 91 — **BAGUE**, ornée d'un saphir entouré de quatorze brillants. Le corps de la bague est enrichi de six brillants.

PARURES EMERAUDES

26,000 92 — Beau **DIADÈME**, formé d'une belle émeraude carrée, taillée à degrés et de trente-sept beaux brillants.

93 — **COLLIER**, composé de vingt émeraudes séparées par des *15,500*
brillants.

94 — Deux **BOUCLES D'OREILLES** à pendeloques, ornées *7,100*
chacune de deux émeraudes et de diamants.

95 — Joli **BRACELET** orné de huit émeraudes carrées, sépa- *24,550*
rées par un groupe de cinq brillants.

96 — Belle **PLAQUE**, formée d'une émeraude cabochon, en- *20,800*
tourée d'entrelacs exécutés en roses et d'un rang de brillants. Ce bijou se termine par une pendeloque en émeraude
cabochon.

97 — **DIADÈME** ou **BANDEAU** pavé de brillants et orné *17,400*
de trois émeraudes dont deux ovales et une ronde.

98 — **BRACELET** d'or, orné d'une émeraude carrée, taillée à *6,900*
facettes entourée d'ornements en diamants.

99 — **BRACELET** (Porte-Bonheur) en or, avec rang d'émeraudes *1,100*
montées en esclavage et entourées de roses.

100 — **BRACELET** (porte-bonheur) en or, et diamants avec trèfle *1,550*
en émeraude et brillants.

101 — **ÉVENTAIL** en ivoire, avec montants en or enrichis d'émeraudes, diamants et demi perles.

102 — **BRACELET** en or, avec plaque formée d'une émeraude rectangulaire, entourée d'un rang de brillants.

103 — **BRACELET**, formé de quatre rangs, comptant ensemble cent douze perles avec fermoir composé d'une émeraude carrée entourée de brillants.

104 — **BRACELET** à ressort, composé de cinq rangs de brillants rubis, émeraudes et saphirs.

105 — **BRACELET** en or mat et ornements émaillés noir, entourant une émeraude et un rang de brillants.

106 — Grande **PLAQUE OVALE,** ornée d'un péridot oblong, taillé à degrés, entouré d'anneaux ovales entrelacés, exécutés en brillants.

107 — **BRACELET**, formé de cinq rangs de perles, avec plaque ornée de six émeraudes et de deux rangs de brillants et deux entre-deux ornés chacun d'une émeraude et de deux rangs de brillants.

108 — **MONTRE** à Remontoir en or, avec cuvette formée d'une émeraude cabochon, entourée ainsi que le cadran d'un rang de brillants.

109 — Deux **BOUTONS D'OREILLES**. formés chacun d'une *1,550*
émeraude entourée de brillants.

110 — **BAGUE**. ornée d'une émeraude et de seize brillants. *525*

111 — **BAGUE**. ornée d'une émeraude et de douze petits brillants. *205*

112 — **BAGUE** marquise. pavée de brillants. avec émeraude au *555*
centre.

113 — **BAGUE**. montée d'une émeraude placée entre deux *610*
brillants.

114 — **BAGUE**. montée d'une émeraude placée entre deux *285*
brillants.

———

PARURES OPALES

115 — **COLLIER**, composé de douze chatons ornés chacun d'une *18,500* *Briguet*
opale entourée de diamants. avec entre-deux ornés d'une
opale entourée de diamants.

116 — **BROCHE**, formée d'une opale entourée de rayons en petites *6,800*
roses et d'un cercle orné de brillants. Elle se termine par
une pendeloque formée d'une opale entourée de roses et
d'un rang de brillants.

3,850 117 — Deux **BOUCLES D'OREILLES**, formées chacune de deux opales, avec entourage en roses et brillants.

3,000 118 — Deux **ÉPINGLES DE COIFFURE**, en forme de fer à cheval, en diamants, avec opale au centre.

17,500 119 — Belle **BROCHE**, formée d'une belle opale entourée de quatorze beaux brillants.

6,000 120 — **APPLIQUE** en forme d'étoile exécutée en brillants, avec opale au centre.

PARURES TURQUOISES

8,500 121 — **BROCHE** ovale, ornée d'une turquoise entourée d'un double rang de brillants et avec pendant orné d'une turquoise entourée d'un rang de brillants.

3,200 122 — Deux **BOUCLES D'OREILLES**, formées chacune d'une turquoise entourée d'un rang de brillants.

1,310 123 — **MÉDAILLON**, en forme de cœur, en or mat et turquoise entourée de brillants.

124 — **BROCHE**, formée d'entrelacs en brillants, avec turquoise 4,050
triangulaire au centre et pendeloque turquoise.

125 — **BRACELET**, monté de diamants et de huit pierres imitation 5,350
de turquoise.

126 — **BRACELET** large en or uni, incrusté d'un cœur en tur- 605
quoise entouré de brillants.

127 — **PENDANT DE COU** avec pendeloque, ruban et feuillages 900
en roses, turquoises taillées et perles. Il est suspendu à un
petit collier d'or.

128 — **DEMI-PARURE**, composée d'une broche et deux pen- 850
dants d'oreilles à turquoises, perles, diamants et points
d'émail noir alternés et garnis de pendilles en roses.

129 — Grande **BAGUE** marquise, montée d'une fausse turquoise 350
entourée de brillants.

MONTRES ET CROCHETS

130 — **MONTRE** et son **CROCHET**, de style Louis XVI, en or 710
ciselé, enrichis de peintures sur émail et de roses.

131 — **MONTRE** à remontoir en or, avec chiffre E. M. émaillé bleu.

132 — **PETIT PAON**, à ailes et queue ouvrantes en or, enrichi de filets d'émail bleu et incrusté de roses. Cette pièce renferme une montre.

133 — **BAGUE** marquise en or, avec chaton enrichi de roses et contenant une montre.

134 — **MONTRE** à remontoir en or, à cuvette unie, accompagnée de sa châtelaine en or, à maillons et ornements découpés.

135 — **CROCHET** et sa **MONTRE** en onyx noir, montés en or et enrichis de roses.

136 — **MONTRE**, de forme sphérique, en cristal, montée en or et accompagnée de son crochet en argent niellé et or.

137 — **CHATELAINE**, de style Louis XVI, en or de couleur ciselé, à feuillages, enrichie de peintures sur émail, trophées et garnie d'une montre en cristal et or de forme sphérique.

138 — **MONTRE**, en forme de mouche, en or émaillé violet, avec yeux en roses.

139 — **FACE-A-MAIN** en or, contenant une montre. Elle offre sur une de ses faces des myosotis peints sur émail à fond bleu.

140 — **TABATIÈRE** oblongue en or gravé, à filets et plaque d'émail bleu, enrichie d'une branche de fleur incrustée exécutée en roses. Le couvercle renferme une montre.

141 — **MONTRE**, en forme de casque, en or gravé, à rinceaux sur fond émaillé gris-verdâtre.

142 — **MONTRE**, en forme de carquois, en or, enrichie d'une figure de bacchante peinte sur émail entourée de roses.

143 — **MONTRE** placée dans une marguerite, en or ciselé, enrichie de roses.

144 — **MONTRE**, de forme sphérique, en cristal, avec monture et crochet en argent doré.

145 — Très-petite **MONTRE** de dame à remontoir en or.

146 — **MONTRE** savonnette en or émaillé noir, enrichie de roses et portant le nom de *Auguste Mallet*.

BIJOUX VARIES

4,240 147 — **COLLIER**, formé de neuf beaux camées entourés de brillants surmontés de feuillages en roses et reliés entre eux par un rang de diamants.

450 148 — Deux **BOUCLES D'OREILLES** avec pendants, formées chacune de deux camées entourés de roses.

2,860 149 — **PIÈCE DE COIFFURE**, composée de cinq camées entourés de brillants et avec entre-deux en roses.

110 150 — **BROCHE**, formée d'une tête de lion en labrador, montée en or.

335 151 — Deux **BOUCLES D'OREILLES**, formées de palettes d'or incrustées d'émeraudes, de saphirs, de brillants, de rubis et d'opales, et garnies de perles.

280 152 — **PORTE-BONHEUR** en or, avec feuille en roses et fruit imitant une perle rose.

160 153 — **FLACON**, en forme de croix, en argent doré.

154 — **BRACELET** large en or uni, avec attache à rosace gravée
et repercée à jour, et traverse ornée de demi-perles. La perle
du centre est entourée de petits brillants.

155 — **COLLIER**, de style étrusque, en or, garni de treize médaillons ronds en jade verdâtre portant chacun une lettre incrustée en or et formant les mots : *Credi, ama, spera.*

156 — **COLLIER** en or, à fleurons gothiques rapportés en relief.

157 — **DEMI-PARURE**, composée d'un pendant de cou et de deux
boucles d'oreilles à rosaces en or, turquoises, perles et roses.

158 — **BROCHE**, en forme de petit monument, à niche à plein
cintre, en or ciselé et émaillé, enrichi de roses et orné d'une
figurine d'Euterpe assise, tenant une lyre, en or ciselé.

157 — **BRACELET** en onyx noir, monté en or et orné d'une
flèche en roses avec perle au centre.

160 — **DEMI-PARURE**, composée d'une broche et de deux
pendants d'oreilles ornés de peintures sur émail à figure
de femme chinoise et oiseaux, montés en or filigrané, avec
dauphins ciselés.

161 — **DEMI-PARURE**, composée d'une broche et de deux
boucles d'oreilles à pendeloques, ornées de camées (têtes
de nègres), avec ornements en roses.

162 — **PENDANT DE COU**, en forme d'éventail ouvrant, en or, disposé pour recevoir des photographies et enrichi de roses.

163 — **BRACELET** en or mat, portant le mot en relief: *Remember*. Une lettre manque.

164 — Paire de **BOUCLES D'OREILLES** en or, à pendilles terminées par une boule.

165 — Paire de **BOUCLES D'OREILLES** en or mat, à pendilles en forme de barrettes ornées de turquoises taillées et surmontées d'un ornement garni de roses.

166 — **PETIT TAMBOURIN** en ambre et or.

167 — **MÉDAILLON** en or, avec peinture sur émail représentant une tête d'Impératrice romaine.

168 — **COLLIER** en or et améthystes.

169 — Petite **BROCHE**, montée d'un camée la Vierge et l'Enfant Jésus.

170 — **BOULE D'OR** ouvrante, renfermant un cachet en onyx surmonté d'une boule en corail.

171 — Paire de **BOUTONS DE MANCHETTES** en bas or.

172 — **MÉDAILLON** ovale en or, orné d'une peinture sur émail,
à fond noir, entourée de roses et de quatre perles.

173 — **PENDANT DE COU** en or, avec rosace au centre pavée
de roses; entourage et pendilles en roses.

174 — **MÉDAILLON** en or émaillé, décoré d'un portrait de
femme en costume du XVIᵉ siècle, peint en couleur sur fond
noir et enrichi de roses.

175 — **MÉDAILLON OVALE** en or, orné d'une peinture sur
émail (Vénus et Amour), incrustée de roses. Entourage
formé de demi-perles et nœud de rubans en or émaillé noir
enrichi de roses.

176 — **PARURE**, composée d'un bracelet, d'une broche et de deux
pendants d'oreilles en or, de style étrusque, enrichis de roses
en corail rose sculpté.

177 — **DEMI-PARURE** en or, petites turquoises, perles et demi-
perles. Elle se compose d'un bracelet, d'une broche et de
deux pendants d'oreilles. La broche et le bracelet forment
médaillon.

178 — **BROCHE** en or émaillé bleu et demi-perles, ornée d'une
peinture sur émail (la Marchande d'œufs).

179 — **PENDANT DE COU**, formant médaillon, en or, enrichi d'une peinture sur émail (Jeux d'Amours), entourée et garnie de pendants en roses. Ce bijou est suspendu à une chaîne d'or.

180 — **MÉDAILLON OVALE** en onyx noir, enrichi de feuillages exécutés en roses.

181 — **DEMI-PARURE** en or et pierres fausses imitant le diamant. Elle se compose d'un collier, une broche et deux pendants d'oreilles.

182 — Deux **BOUCLES D'OREILLES** en or, travaillées au grenetis et à roues mobiles.

183 — **DEMI-PARURE**, formée d'un collier et de deux pendants d'oreilles en or, de style étrusque, garnie de petites amphores.

184 — **MÉDAILLON OVALE** en or émaillé noir, avec entourage de demi-perles et rosaces incrustées de roses.

185 — **COLLIER** d'or, formé de feuilles de lierre.

186 — **BROCHE** d'or, de forme ovale, ornée d'une peinture sur émail (les Petits Ramoneurs), d'après Hornung.

187 — Deux **ÉPINGLES DE COIFFURE** en or, à boules de
malachite reliées par une chaînette d'or.

188 — Deux **PENDANTS D'OREILLES** en or, avec plaques
d'émail bleu-clair et perle au centre.

189 — Deux **PENDANTS D'OREILLES**, en forme de balance,
en or : un amour est assis sur un plateau, sur l'autre est un
papillon.

190 — Deux **PENDANTS D'OREILLES**, de forme ronde, en
émail cloisonné sur or, à fond blanc, représentant un coq.
Travail français de style japonais.

191 — **BROCHE**, en forme de main, en or.

192 — Deux **BOUCLES D'OREILLES**, formées chacune de
trois disques en or gravé et repercé à jour.

193 — **MÉDAILLON OVALE** en or, avec ruban émaillé bleu,
portant pour devise : *Dieu vous garde*. Au centre, la lettre S
exécutée en roses.

194 — Deux grands **PENDANTS D'OREILLES** à pendeloques et boules de corail, enrichis de montures en roses.

195 — Deux **PENDANTS D'OREILLES**, montés de diamants de turquoises et de perles.

196 — Grande **CROIX** d'or, avec chaîne à torsade.

197 — **BRACELET** à chaîne élastique en or.

198 — **BRACELET**, à chaîne boudin, en or.

199 — **FACE-A-MAIN**, de style étrusque, en or.

200 — **CASSOLETTE**, en forme de cœur, en or uni.

201 — **MÉDAILLON** en or mat, avec applique formée d'une grappe de perles surmontée d'un nœud en roses.

202 — **BRACELET** en or, avec barrette ornée de demi-perles et de rubis.

203 — **BROCHE** en or, avec bouquet en roses sur émail vert.

204 — **BROCHE** en or, en forme de fer-à-cheval, ornée de diamants et d'une améthyste au centre.

205 — **FERMOIR** en or, orné d'un camée.

206 — Deux **PENDELOQUES**, poires en corail, avec calottes en roses, surmontées d'un brillant.

207 — Sept **BOUTONS DE GILET**, formés de boules de corail, montées en or.

208 — **BRACELET, BROCHE** et **PEIGNE** d'écaille, garnis de boules et de pendeloques en corail.

209 — **COLLIER**, deux boutons d'oreilles et deux pendeloques en perles fausses. Le fermoir du collier est monté de roses.

210 — **BROCHE**, formant médaillon, avec encadrement de feuillages d'or et surmonté d'une couronne enrichie de pierreries.

211 — Deux **DÉS** en or.

212 — Paire de **BOUCLES D'OREILLES** pavées de turquoises.

213 — **PENDANT DE COU**, orné d'une tête d'oiseau du paradis ; monture en or.

214 — Deux **BOUCLES DE CEINTURE** en or.

215 — **FACE-A-MAIN** en or.

216 — **MÉDAILLON** en or, avec triangle orné de roses sur
émail noir.

217 — Lot de **BIJOUX** d'or, qui seront vendus par lots.

BIJOUX ANCIENS

218 — **COLLIER**, avec pendants à fleurs et feuillages en or et grenats, époque Louis XIII.

219 — **CROCHET** en or, avec médaillons ronds émaillés ornés de
perles, et montre Louis XVI en or ornée d'une peinture
sur émail à fond bleu, enrichie de roses et entourée de demi-
perles.

220 — Petite **CROIX** en filigrane d'or, enrichie de perles, époque
224   Louis XIII.

221 — **COLLIER D'OR**, avec plaques carrées décorées de petites
fleurs émaillées.

222 — Deux **LARGES BOUCLES DE SOULIER** en strass,
avec monture en or et en argent.

223 — **CHATELAINE** ~~en or~~ *argent doré*, garnie de divers ustensiles de style
Louis XV en or repoussé, tels que : Nécessaire, Flacon, etc.

224 — Deux **PENDANTS D'OREILLES**, garnis de pendilles
en or et perles.

225 — Deux **LONGS PENDANTS D'OREILLES** en or et
perles fines.

BIJOUX ARGENT

226 — Deux **PIÈCES** en filigrane d'argent, à fleurs en relief et
enrichies de parties émaillées : Porte-cartes et Porte-Bouquet.

227 — **DEMI-PARURE**, composée d'un bracelet, un médaillon et
deux pendants d'oreilles en argent doré, enrichie de peintures sur émail, de turquoises et de grenats.

228 — **CASSOLETTE**, formée d'une rose en argent doré. Travail
anglais.

229 — **CHATELAINE** en argent et cuir, garnie de divers ustensiles en argent, tels que : une Bourse, un Carnet, un Sifflet,
une Noix formant cassolette. Travail anglais.

230 — **CEINTURE**, garnie d'un cornet formant flacon et une lanterne avec plaque, le tout en argent. Travail anglais.

231 — **GARNITURE DE BOUTONS** en argent niellé dont douze plats pour robe et douze, de forme sphérique, pour corsage.

232 — **ÉPINGLE DOUBLE** en écaille et boules d'argent pavées de turquoises.

233 — **BROCHE ÉCOSSAISE**, en forme de jambes de biche en argent et topaze.

234 — Deux **BOUCLES D'OREILLES** en filigrane d'argent doré.

235 — **TOUR DE COU** en filigrane d'argent, monté sur velours noir.

236 — **PORTE-MINE** en argent, à coulisse, en forme de toupie.

Ves Renou, Maulde et Cock, imprimeurs de la Compagnie des Commissaires-Priseurs, rue de Rivoli, 144.   97504